**GUANABARA
CANIBAL**

Pedro Kosovski

GUANABARA
CANIBAL

Cobogó

SUMÁRIO

Memórias em transe, por Marco André Nunes   7

GUANABARA CANIBAL   15

Guanabara Canibal e as úlceras da História,
por João Cícero Bezerra e Manoel Silvestre Friques   **59**

Memórias em transe

Guanabara Canibal teve seu impulso inaugural na descoberta do épico "Feitos de Mem de Sá", de José de Anchieta, na minha releitura do maravilhoso *O povo brasileiro*, de Darcy Ribeiro, para os ensaios de *Caranguejo Overdrive*. Nesse poema do século XVI, Anchieta narra a guerra pelo domínio do território brasileiro e louva a bravura de Mem de Sá durante as batalhas que exterminaram as tribos indígenas que habitavam o nosso litoral. O choque dessa descoberta deu início a um trabalho árduo que exigiu toda a nossa energia para sua concepção, criação e execução. Para mim, que fui alfabetizado e tive as primeiras aulas de História no fim dos anos 1970, os livros diziam que os indígenas faziam parte de um passado longínquo e que os meus parentes haviam aportado aqui em caravelas e heroicamente fundado a cidade. Nada disso. Ter mergulhado nos últimos meses tão intensamente em nossa história e nos oceanos da criação foi transformador. Aqui, algumas breves ideias, pressupostos, informações e reflexões que nortearam a construção desta obra e que, espero, tornem ainda mais interessante a leitura do seu texto.

Parcerias

Nos últimos meses estiveram conosco: Eduardo Viveiros de Castro, Darcy Ribeiro, Padre José de Anchieta, André Thévet, Jean de Léry, Florestan Fernandes, Ailton Krenak, Rafael Freitas da Silva, Davi Kopenawa, Alberto Mussa, Oswald de Andrade, Nelson Pereira dos Santos, Sylvio Back, Hans Staden, Lia Rodrigues, Sepultura, Antônio Maria e outros mais.

Trilogia da cidade

Guanabara Canibal é a obra que conclui um ciclo de cinco anos de pesquisa, reflexão e elaboração cênica, que teve como objeto o Rio de Janeiro. Propusemos outras narrativas, outros olhares, outra simbologia acerca da nossa cidade. Revimos sua história, reencontramos sua geografia e nos assombramos com sua política. A trilogia teve início com *Cara de Cavalo* (2012), que aportava na antiga Favela do Esqueleto, hoje a Uerj, no ano de 1964. O espetáculo construía uma narrativa poética acerca do bandido pé de chinelo, alçado pela imprensa à condição de inimigo público número um da cidade e perseguido até ser chacinado por um grupo de policiais que ficaria conhecido como o Esquadrão da Morte. *Caranguejo Overdrive* (2015) fala do antigo Mangue que foi aterrado na segunda metade do século XIX, atual Praça Onze; expõe também a violência higienista das remoções forçadas em prol das chamadas "reformas urbanísticas".

Estratégia

As manifestações populares que abalaram o mundo a partir de 2011 (uma onda de protestos que se iniciou na Tunísia e chegou a Bahrein, Iêmen, Líbia, Síria, Madri, Barcelona, Atenas, Tel Aviv, Nova York etc.) tomaram conta do Brasil em 2013 com tamanho estrondo que seu tremor não cessou até hoje. As jornadas de junho tomaram os espaços públicos, responsabilizaram o poder financeiro e governamental pelas consequências de sua insensibilidade social. Os movimentos recusaram-se a ser representados e dirigiram suas críticas mais contundentes às estruturas do poder representativo. De lá pra cá, tudo parece ser ainda mais grave, tudo pede urgência, tudo precisa ser dito. No entanto, dar conta do agora no agora, responder ao presente em sua própria temporalidade, retratando seus acontecimentos imediatos pode, em função de sua instantaneidade, não ter a reflexão necessária e, assim, é possível que a proximidade do agora venha a reduzir a experiência (em cena) de entrar em contato com este mesmo agora. Nossa estratégia, então, para abordar o presente foi rumar para o passado. Acredito que esse distanciamento, esse deslocamento temporal em direção a nossa história, permita que o espectador, ao redescobri-la, estabeleça um diálogo profundo com o presente e adense sua percepção deste. Quão mais grave se torna o presente, mais longe recuamos no passado. Depois de estarmos nos tempos do golpe militar e da Guerra do Paraguai, chegamos agora ao ponto mais distante: a guerra que originou a fundação do Rio de Janeiro.

Guanabara

Há quase 50 mil anos, um grupo de *Homo sapiens* que vivia na Sibéria atravessou o estreito de Bering e iniciou o povoamento da América. Estudos recentes levantam a possibilidade dessa aventura ter se iniciado antes da diferenciação fenotípica que originou as raças, isto é, todos eram muito parecidos — os que ficaram e os que vieram. Não havia ainda os traços brancos, negros, asiáticos... Especula-se também que todo o continente foi povoado a partir de um pequeno grupo que continha pouco mais de uma dezena de mulheres. Nossas Evas.

Quando as forças de ocupação portuguesa chegaram nas praias da Guanabara, no século XVI, as raças já eram muito diferentes. Os brancos, ao se encontrarem com os nativos, não lhes reconheceram a humanidade. Naquele momento, a América contava com 100 milhões de habitantes, era mais populosa que a Europa e possuía uma tecnologia mais sofisticada, ao menos nos planaltos andino e mexicano. Isso sem falar na óbvia superioridade no que se refere a higiene, saúde e felicidade. Naquela época, todo o litoral que vai do sul do Espírito Santo ao norte de São Paulo era dominado pela etnia guerreira dos Tupinambás.

Canibal

A vingança era entendida pelos Tupinambás como algo espiritual, que os conectava com seus antepassados. Ao se vingar de um inimigo, o guerreiro justiçava seu parente que havia sido morto por aquele e abria caminho para que os parentes daquele também o justiçassem. Esse moto-contínuo tornava o ato da vingança algo vital: promovia a recuperação do passado ao mesmo tempo em que criava um estímulo para o futuro. O ápice da vingança e maior evento realizado pela comunidade era o ritual canibal, no qual os antepassados eram vingados por toda a tribo, que, junta, devorava o corpo do inimigo. Esse ritual era totalmente codificado e sistematizado, com regras estritas conhecidas por todos os participantes, inclusive a vítima. Ao fim de três dias de festa, o desfecho desse processo restaurava a ordem e a integridade do grupo. O sacrifício humano também contribuía especialmente para configurar a estrutura social e o funcionamento da sociedade Tupinambá.

Guerra

O Rio de Janeiro foi fundado após os Tupinambás resistirem por quase dez anos aos ataques portugueses. A primeira aldeia a ser destruída na Guanabara estava situada onde hoje são os bairros do Flamengo e do Catete, e se chamava Carioca (Kariauc, Karióc, Kariác ou, ainda, a Carijó-oca). Todas as outras aldeias Tupinambás do entorno da baía foram igualmente exterminadas. A população indígena das Américas em pouco tempo foi reduzida a 5% do que havia aqui antes de os brancos chegarem. Durante quinhentos anos, o Estado brasileiro fez de tudo para exterminar os povos originários, e ainda o faz com ações e projetos como a PEC 215, Belo Monte e, hoje, a extinção da Renca*.

---

* A Proposta de Emenda à Constituição (PEC) 215/2000 estabelece novas regras para a demarcação de terras indígenas. Belo Monte é a usina hidrelétrica em construção na bacia do rio Xingu, no Pará, com impactos

Índios

Os indígenas foram os primeiros a se rebelar contra o Estado brasileiro, e hoje sentimos que eles nos representam muito mais do que esse modelo de civilização que só serve aos poderosos, aos não índios. Todos os povos igualmente perseguidos têm em seu exemplo de resistência, através do tempo, uma grande inspiração: negros, LGBT, mulheres, excluídos.

Campo de batalha

Até agosto de 2017, no estado do Rio de Janeiro, foram mortos seiscentos moradores de comunidades pela polícia, foram assassinados mais de cem policiais, os funcionários públicos e aposentados tiveram seus salários saqueados pelo governo, postos de saúde e teatros foram fechados. Talvez o que mais assuste seja o estranho fato de que tudo isso pode soar com alguma parcela de normalidade. O Teatro, arte da presença, que nasceu das forças ritualísticas, pode invocar toda a sua ancestralidade e pretender nos acordar, potencializar, perturbar, confundir, desnortear e nos fazer levantar, gritar, pensar, vomitar, sair do lugar. Talvez hoje, antes mesmo da boa ideia e do apuro técnico, devamos proporcionar uma experiência que afete profundamente o espectador, o sensibilize e atualize todas as suas

---

em aldeias indígenas. Tem potência instalada prevista para ser a terceira maior do mundo. A Reserva Nacional de Cobre e Associados (Renca), na Amazônia, onde vivem índios Wajãpi, teve sua extinção prevista em decreto presidencial de 2017.

faculdades: espirituais, estéticas, intelectuais, sensuais etc. Hora de criarmos obras sem embaraço, sem medo de soar exagerado ou pretensioso. Temos que pretender responder à realidade na mesma medida e intensidade com que ela nos fere... Contra-ataque. Algumas doses de utopia. Contudo, é difícil nos libertarmos do bom gosto minimalista em que até a contestação é contida, *clean*, sofisticada. Hora de o Teatro ousar ser importante.

Carijó-oca

O fato de os nativos desta cidade se orgulharem de serem chamados de cariocas dá uma grande esperança.

"Nunca fomos catequizados. Fizemos o carnaval."

(Oswald de Andrade)

Marco André Nunes
Diretor de *Guanabara Canibal*, além de também ter dirigido *Cara de Cavalo* e *Caranguejo Overdrive*, formando a trilogia d'Aquela Cia. de Teatro.

GUANABARA CANIBAL

de **Pedro Kosovski**

Guanabara Canibal estreou em 12 de agosto de 2017, no Centro Cultural Banco do Brasil, Rio de Janeiro.

Texto
Pedro Kosovski

Direção
Marco André Nunes

Elenco
Carolina Virgüez, João Lucas Romero, Matheus Macena, Reinaldo Junior, Zaion Salomão

Músicos
Anderson Maia e Pedro Leal David

Direção musical
Felipe Storino

Instalação cênica
Marco André Nunes e Marcelo Marques

Iluminação
Renato Machado

Figurino
Marcelo Marques e Carlos Peti

Visagismo
Josef Chasilew

Direção de movimento
Toni Rodrigues

Programação e conteúdo de vídeo
CORJA

Sonorização e operação de áudio
David Charles Cole

Efeito especial aéreo
Cláudio Baltar

Cenotécnico
Maranhão

Assistência de direção e produção
Diego Avila

Assistência de cenografia
Carlos Peti

Operação de luz
Tamara G. Torres

Operação de vídeo
Diego Avila

Camareira
Bidi Bujnowski

Assessoria de imprensa
Bianca Siena

Projeto gráfico
Kevin Costa e Marco André Nunes

Foto
João Julio Mello

Produção
Aline Mohamad (MS Arte & Cultura) e Thaís Venitt

Assistência de produção
Heder Braga e Laila Paganini

Direção de produção
Gabi Gonçalves – Núcleo Corpo Rastreado

Realização
Aquela Cia. de Teatro

Neste elenco, devem estar presentes as diferentes matrizes étnicas brasileiras.

Cerca de oitenta tabas existiram no entorno da Baía de Guanabara: a aldeia Karióka se localizava entre os bairros do Flamengo e da Glória. Sua população variava entre 6 mil e 12 mil pessoas. Em 1560, ela foi atacada pelos esquadrões portugueses comandados por Mem de Sá, mas logo depois foi reconstruída pelos Tupinambás. A Karióka se tornou um marco de resistência à colonização.

Karióka

Terreiro.

O ano poderia ser 1565, 1965, 2015 ou 2055. Não se sabe: existe uma profusão de tempos nisso que a gente chama de contemporâneo. Sabe-se apenas que o tempo se dilata em um perpétuo presente. Isso não deixa de nos esmagar por um lado e, por outro, provocar uma sensação de estranha liberdade em relação aos que vieram antes e os que virão depois.

Ali, na Karióka, uma gente celebra o aniversário do Rio de Janeiro. Em cima do piano, um bolo branco e azul, um espumante nacional à espera de ser explodido, no alto, o letreiro "Rio, feliz aniversário".

Essa gente faz alguns gestos comuns e forma um certo quadro de delicada melancolia: nesses tempos sombrios, por que insistem em comemorar? Um anda. Outro senta. Uma mulher observa com a criança sentada ao seu lado. Alguém dispara um lança-confetes sem provocar reação entre os presentes – à exceção da criança que aplaude solitariamente. Alguém rasga a embalagem de um disco, onde se lê o título Como nasceu o Rio, *do repórter Amaral Netto.**

Pense em um misto de radionovela e Repórter Esso. *Pense numa perversa dramatização da história do Brasil que encobre, em sua grandiloquência e na figuração de seus heróis, o extermínio e a submissão simbólica dos povos nativos que viviam exatamente aqui, onde ainda vivemos, no entorno da Guanabara.*

A dificuldade é conseguir contar uma história. Não sobrou muita coisa. Apenas o suficiente para não sabermos como contar essa história. Por isso, ela surge partida, confusa e inacabada. E talvez esse seja um começo para escutar de outro modo a violência que constitui nossa vida na cidade. Hoje, enquanto escrevo, a cidade está ocupada pelo Exército. Deixo então a Amaral Netto, sua "carpintaria da destruição", sua versão oficial, com as consagradas categorias de trama, personagens, enredo e curvas dramáticas.

---

* *Como nasceu o Rio* integra uma série de audiodocumentários produzidos por Amaral Netto, na década de 1960, sobre a história do Brasil. Este, especificamente, foi criado em função da comemoração dos quatrocentos anos da fundação da cidade, em 1965. É um signo representativo do modo como nossa história e nossa memória foram capturadas, durante a ditadura militar, pela propaganda marcadamente fascista do "Brasil grande".

O toca-discos dá voltas e aquela gente ao redor apenas escuta.

Abertura orquestrada.

[LOCUTOR]
O repórter da história. Edição extraordinária com o mais completo noticiário e as mais vibrantes reportagens de como nasceu a mui leal e heroica cidade de São Sebastião do Rio de Janeiro. E atenção para essa notícia que passamos a divulgar em primeira mão. Lisboa, setembro,1502. De regresso de expedição pela terra de Santa Cruz, o capitão português André Gonçalves informou à reportagem que foi descoberta a foz de um grande e caudaloso rio, que por ter sido avistado no dia 1º de janeiro deste ano, foi batizado como Rio de Janeiro. Lisboa, dezembro, 1553. O desenho do Rio mandado ao rei pelo governador do Brasil, que agora termina o seu mandato, Tomé de Souza, chegou há pouco às mãos de Sua Alteza dom João III. Da região cobiçada pelos franceses, afirma em carta a El Rey o senhor Tomé de Souza.

[TOMÉ DE SOUZA]
Tudo o que dela disser, da sua beleza e utilidade, é pouco pelas graças que tem. E quem quiser que invente e pinte o melhor e o mais bonito rio do mundo, porque não será mais bonito do que o Rio de Janeiro.

[LOCUTOR]
E prossegue o governador Souza:

[TOMÉ DE SOUZA]
Parece-me que Vossa Alteza deve mandar fazer ali uma povoação honrada e boa. Porque nessa costa não há

mais rios em que entrem os franceses, senão esse chamado de Janeiro. Pediram dele muita pimenta e só num ano dali tiraram cinquenta picas e tirariam quantas mais quisessem, porque dão nos matos e da melhor qualidade, como Vossa Alteza deve ter sido informado.

[LOCUTOR]
E termina Tomé de Souza fazendo dramático apelo para que se povoe e se arme o Rio de Janeiro, acrescentando textualmente:

[TOMÉ DE SOUZA]
E não demore Vossa Alteza em fazer isto. Se eu não fiz no Rio uma fortaleza este ano foi por ter pouca gente e não me parecer inteligente espalhá-la por tantas partes.

Tambores e toques de clarim.

[LOCUTOR]
Hoje, 10 de novembro de 1555, uma expedição francesa composta de seiscentos homens, sob o comando do vice-almirante Nicolas Durand de Villegaignon, ocupou o Rio de Janeiro. Falando à reportagem logo após um banquete que reuniu franceses e índios tamoios, o vice-almirante Villegaignon afirmou que está lançada a semente da França Antártica.

Intervenção musical épica.

Não começa falando

Uma mulher, que será chamada de GUANABARA, para a execução do disco. Com indigestão, ela fala:

GUANABARA
Pesa. Não desce. Tá no meio do caminho. E não passa. Você não vai falar por mim. Minha boca adormece. Você não começa falando. Primeiro pesa na barriga. Depois arde. É indigesto. Eu vou falar por você. Não. Não vem contra mim. Não vem dizer que eu não sei. Eu não sei. Tá passando. Não está confortável para ninguém. É no meu peito. No meio do peito. Sobe aqui por dentro e queima tudo. Até a minha garganta. Eu vou falar direto. Você não quer. Você não tem direito. Tá voltando. Tá ardendo. Tá voltando. A língua está dormente. É ácido. Na boca volta um gosto. Está vencido. Venceu. É nojento. Queima toda a garganta. Eu desconfio do futuro. É ácido. Tá caindo. Tá caindo. Passou. Não fala por mim! Escuta o que estou falando. Você não vai falar por mim. Não está confortável para ninguém. É indefeso. Não é meu. É seu. Para o passado. Para. Deixa lá. Não deixa voltar. Se manda daqui. Eu nunca falei. Pesa. Não desce...

GUANABARA repete esse texto quantas vezes for necessário para tornar sua náusea insuportável.

Primeiro contato

Escambo em 1502. Duas vozes.

A primeira visão da Guanabara.

UMA VOZ
Quero fazer negócio.

OUTRA VOZ
Eu digo sim do mesmo modo que digo não.

UMA VOZ
Se você disser que sim, você será como eu.

OUTRA VOZ
E o que mais?

UMA VOZ
Eu te darei um corpo: completo! Funciona assim: você escuta?

OUTRA VOZ
Eu escuto.

UMA VOZ
Se você escuta, eu vou te dar orelhas. Orelhas e também uma língua de verdade. Você vê?

OUTRA VOZ
Eu vejo.

UMA VOZ
Eu vou te dar olhos, então: azuis! Você respira?

OUTRA VOZ
Eu respiro.

UMA VOZ
Eu vou te dar pulmões, narinas! Ar puro. Você corre?

OUTRA VOZ
Eu corro.

UMA VOZ
Se você corre, eu te darei pernas. Você tem pele?

OUTRA VOZ
Tenho pele.

UMA VOZ
Eu te darei roupas, então. Você trabalha?

OUTRA VOZ
Eu trabalho.

UMA VOZ
Eu te darei mãos! Ou melhor: um chefe, a escravidão. Você mata?

OUTRA VOZ
Eu mato.

UMA VOZ
Eu te darei armas: machados, canhões, fuzis e metralhadoras, armas de destruição em massa. Você morde?

OUTRA VOZ
Eu mordo.

UMA VOZ
Se você morde, eu vou te dar dentes, brancos e fortes. E depois que eles caírem, eu te darei dentadura.

Ou melhor, planos odontológicos que você pagará mensalmente em módicas cotas em troca de perfeitas réplicas de implantes dentários. Você paga?

OUTRA VOZ
Eu pago.

UMA VOZ
Eu vou te dar dívidas, então. Dívidas que galoparão ao ritmo de juros extorsivos e, volatilizadas pelo colapso do sistema financeiro, cobrarão seus vencimentos diretamente na sua carne e na carne de todas as suas gerações futuras.

OUTRA VOZ
Você fuma?

UMA VOZ
Eu fumo.

OUTRA VOZ
Eu vou te dar cigarros. Cigarros americanos, com filtro, sem filtro, mentolados! De onde você terá muita fumaça e poderá contrair câncer. Você morre?

UMA VOZ
Eu morro.

OUTRA VOZ
Se você morre, eu vou te dar doenças. Eu te darei varíola, malária, febre amarela, a peste bubônica. Eu te contaminarei com o vírus que matará sua gente como moscas e varrerá etnias inteiras para fora do planeta, numa guerra biológica. Você planta?

UMA VOZ
Eu planto.

OUTRA VOZ
Se você planta, eu posso te dar terras. Latifúndios e monocultura, e eu serei motivo de orgulho nacional por impulsionar a alta do PIB numa supersafra de exportação para a China, onde será feita ração para alimentar porcos e eu importarei carne embutida, distribuirei a preços populares e acabarei aplaudido no congresso internacional da FAO por combater o déficit alimentar no Terceiro Mundo. Você se banha?

UMA VOZ
Eu me banho.

OUTRA VOZ
Eu vou te dar rios límpidos de águas cristalinas. E com a justificativa da autonomia energética, mas de fato motivado pela ganância de *players* internacionais, eu construirei hidrelétricas que alagarão boa parte das suas terras e tornarão cada vez mais escassos os peixes que são a base da sua alimentação, e depois eu te darei energia elétrica e você contratará canais a cabo, onde ficará sabendo através dos noticiários locais que, nesse mesmo rio, em frente a sua casa, foi feita uma concessão pública e que ele agora será explorado por uma mineradora canadense, que fará de sua terra um novo Eldorado. Negócio fechado?

UMA VOZ
Eu digo sim do mesmo modo que digo não.

OUTRA VOZ
Se você disser sim, você será como eu.

UMA VOZ
E se eu disser não?

Inimigo

GUANABARA fala à CRIANÇA:

GUANABARA
Essas imagens não me falam nada. Me colocam para escutar esse disco e fico perdida: as palavras correm, prendo o ar, pressiono os ouvidos bem forte até ser puxada para um buraco que desce até a minha barriga e me deixa surda sem entender nada. Depois vem o agudo e fico tonta. Sobe o refluxo queimando e tiro uma tonelada do meu estômago, o enjoo passa e sinto alívio. Então recomeço: mas não tem fim. É interminável. Posso passar a vida inteira falando e não consigo passar do começo.

Imagem do inimigo: homem branco. O colonizador tem um machado na mão.

GUANABARA fala diretamente à CRIANÇA:

GUANABARA
Menino, olha pra frente! Encara. Sinto que também está nos olhando. Coragem. Está vivo. Respira. Espia

como os olhos brilham. Demônio... Está esperando apenas o momento certo. Quando vi pela primeira vez, atacou! Ele usa sapatos e roupas, tem pelos e barba grande, o seu cheiro é forte, muito forte e ruim.

GUANABARA e a CRIANÇA também usam sapatos e roupas.

GUANABARA
É indigesto. Quando chegou ao Rio, isso já existia há pelo menos mil anos. Quero que olhe bem pra ele: pra nunca mais esquecer o rosto da exploração, os vencedores exploram os vencidos, forçam a pagar impostos e a trabalhar para o Estado. Está voltando. A minha barriga está inchada. Tá queimando tudo!

Um grito silenciado com a força de uma floresta incendiada.

Primeiro a dizer eu

EU fala na terra onde ninguém nunca falou eu.
EU tem um machado na mão.

EU
Quem aqui, nesta terra, será o primeiro a dizer eu? Há vergonha em triunfar diante da mudez? Uma linha mortal me separa do resto do mundo que não pode falar em nome próprio. Essa linha eu vou chamar de história: todos a desejam e quem não a cruzou só viu a metade do mundo. Eu vi o mundo inteiro! An-

tes disso, acreditavam que depois dessa linha não havia nada, apenas um vasto oceano, e mesmo os que acreditavam em alguma terra, negavam que aqui se falasse algo. Eu estive com muitos outros que se lançaram à violência das águas do oceano Atlântico que nos engoliam, por baixo. Essas águas, com suas gigantescas ondas, se arremessavam, por cima, em enxurradas que inundaram nossas embarcações. E se hoje sou o primeiro a falar eu, nesta terra, é que, na minha história, eu sou o que sobrevive: minha gengiva já encheu de pus e meu nariz sangrou por escorbuto, e as bocas de meus companheiros babaram de raiva até acabarem mortas e sepultadas no mar; eu enfrentei a fome e a fraqueza de meses dentro de uma embarcação para hoje celebrar as pretensões de minha imaginação egoísta e devoradora.

EU! EU! EU!

Eu roí a madeira crua dos mastros e fervi pregos arrancados das tábuas do convés numa sopa rica em ferro; eu comi correias de couro, vestes de camurça, velas de sebo, solas de sapato, fibras de corda como se fossem tripas.

EU! EU! EU!

Venci a sede, estendendo lençóis para destilar a água da chuva, e bebi meu próprio mijo quando tudo secou.

EU! EU! EU!

Cacei ratazanas no porão do navio e as cozinhei na água salgada para saborear seus intestinos com o mesmo valor que se dá, em terra firme, às costelas no bafo; e muito pior do que a fome, eu sugeri comer os próprios companheiros mortos para satisfazer o ronco antropofágico do meu estômago. E por tudo isso, até quando?

EU! EU! EU!

Até quando me deixarão falar?

Joga o machado no chão.

Machado

DOIS HOMENS, chamados de BRASILEIROS por cortarem árvores, conversam sobre o machado:

UM BRASILEIRO
Dizem que isso é um machado. O primeiro dentre muitos outros que a gente vai negociar.

OUTRO BRASILEIRO
A gente tem que usar nossas mãos para manobrá-lo: erguê-lo ao alto, acertar a pontaria e desferir o golpe.

UM BRASILEIRO
Ele veio do outro lado do mundo e passou por muitas outras mãos antes de chegar às nossas.

OUTRO BRASILEIRO
Nada que a gente faça agora vai desfazer o seu passado. É o que dizem...

UM BRASILEIRO
No momento que a gente aprender a usá-lo, vai ser o único responsável por tudo o que ele faz e também por tudo o que ele já fez.

OUTRO BRASILEIRO
Também dizem que seu aço é infinitamente superior ao nosso pau e pedra e o fio da sua lâmina cria a ilusão de que a gente vai ganhar tempo. Mas não: esse machado vai esgotar o tempo da gente e consumirá toda a nossa força de trabalho.

UM BRASILEIRO
A gente vai construir barcos, casas e pontes.

OUTRO BRASILEIRO
E, claro, a gente vai rachar os crânios de nossos inimigos. É o que dizem...

UM BRASILEIRO
Não! Não há mais tempo para contar histórias.

OUTRO BRASILEIRO
As urgências não param de surgir e exigem uma tomada de posição: esse machado está aqui para fazer sangrar a fábula.

UM BRASILEIRO
Há muito o que se destruir.

OUTRO BRASILEIRO
Com esse machado nas nossas mãos a gente vai dar provas da docilidade que tanto narraram: a gente vai fazer sangrar tudo aquilo que já não nos pertence, tudo aquilo em que a gente já não se reconhece.

UM BRASILEIRO
Por causa desse machado e por todas as árvores que a gente vai cortar, chamarão essa terra por um nome que não nos interessa pronunciar aqui.

OUTRO BRASILEIRO
A gente não vai chamar essa terra por esse nome.

UM BRASILEIRO
Esse machado fará a gente não apenas esquecer os nomes, mas também destruí-los um por um.

OUTRO BRASILEIRO
Dizem que isso é um machado. A gente sempre chamou de ibirapema.

Captura

GUANABARA fala à CRIANÇA:

GUANABARA
Todos nós que vivemos no Rio de Janeiro somos canibais. Foi assim. Ainda é. Eu vou recomeçar mais uma vez: o inimigo é capturado no campo de batalha e levado com a gente. Obrigamos ele a dizer: "Aju ne xê peê remiurama." [*à CRIANÇA*] Repete: "Aju ne xê peê remiurama."

A CRIANÇA repete.

GUANABARA
Mais uma vez: "Aju ne xê peê remiurama." "Eu, a vossa comida, cheguei."

A CRIANÇA repete.

GUANABARA
Todos explodem em gritos e cantos de comemoração! É a vingança. Ele limpa o túmulo do meu marido morto em combate e ganha objetos que estavam enterrados junto ao corpo. Seus pelos são raspados e seu cabelo, cortado, sua pele é pintada de vermelho. Ele vive livre em território inimigo. Passa a ser exatamente igual aos outros. Passa a ser igual aos seus piores inimigos e recebe uma esposa, que é viúva – eu! –, com quem passará a viver até os seus últimos dias. Na véspera do seu devoramento, espalho jenipapo por todo o seu corpo e relembro-o de sua condição de inimigo: "Você não faz parte daqui, é nosso inimigo, matou muitas pessoas queridas". Mando ele dançar. "Dança! Dança!" Quero uma dança para relembrar todos os filhos mortos na guerra. Choro muito e lhe faço carícias. Carícias de despedida. Estou fingindo. Mas também sinto. É no meio. É bem no meio do peito que sinto todas as mortes. Fico agitada. Recolho paus, pedras e tudo o que encontro à minha volta para que ele arremesse contra a multidão em transe e mostre que tem coragem na hora da morte. Pego uma corda, com muitos nós para prendê-lo. Na minha mão, o ibirapema coberto de mel, com muitas conchas e cascas de ovos. Ele tenta se desviar, mas acerto num único golpe: sua cabeça rola, cai de bruços no chão o seu corpo. São quatro dias de festa. A gente festeja e come toda a sua carne.

Indigestão.

GUANABARA
Não desce. Tá no meio do caminho e não passa.

Como nasceu o Rio II

Aquela gente que festeja porque festeja, com delicada melancolia, volta a se reunir em torno do toca-discos:

[LOCUTOR]
Rio de Janeiro, 31 de dezembro, 1555, urgente! Nesta região, também chamada pelos franceses de Rivière de Guanabara, graves acontecimentos estão tendo lugar. Estourou violenta discórdia entre católicos e protestantes. As relações com os índios vão se deteriorando em função das violentas medidas disciplinadoras tomadas por Villegaignon. O ambiente na fortaleza de Coligny é dos mais tensos, principalmente porque não há mais vinho e água, e a comida é de péssima qualidade.

Intervenção musical. Tambores e clarins.

[LOCUTOR]
Vivemos os últimos minutos que antecedem a batalha. Os barcos apontam seus canhões para a ilha, eu vejo bem daqui. Só um pequeno porto interrompe os penedos que a cercam. Da circunferência dos recifes e anéis de rochas naturais, os franceses fizeram alvo solidamente fortificado: é a ilha de Serigipe, base do forte Coligny, do qual a poucos minutos do meio-dia de sexta-feira, dia 15 de março de 1560, as naus vão se aproximando, enquanto as forças de desembarque levam a artilharia para o ponto vulnerável da ilha. É o inferno de ferro e fogo por todos os lados. Os barcos já atingiram a ilha e, entre os combatentes, um jovem está sempre na primeira linha: é Estácio

de Sá, sobrinho do governador. Durante todo o dia de sexta-feira e pela noite adentro, por todo o dia de sábado até o cair da noite, são 36 horas de combates ininterruptos.

Som de tiros e explosões.

[LOCUTOR]
  Meia-noite. Silencia o forte. Pequenas embarcações rumam ao continente. Estamos começando um novo dia: o 17 de março de 1560, domingo.

[ESTÁCIO]
  Ei, governador! É capitão Estácio!

[MEM DE SÁ]
  Fale! O que houve na ilha?

[ESTÁCIO]
  Vitória! Vitória! Fugiram quase todos!

Urros de comemoração.

Festa

Um intenso agudo toma conta da voz de GUANABARA até sufocá-la. Ela ainda fala à CRIANÇA. Desde o início da peça, GUANABARA veste um tailleur anos 1960. Ao longo dessa próxima fala, GUANABARA irá despir a roupa diante da CRIANÇA e revelará em seu corpo a pintura de guerra.

GUANABARA
    É uma obsessão comemorar! Por mais que a gente comemore uma dor. É sempre assim: uma dor que não passa e sobe queimando até explodir numa festa. Uma festa pode ter tudo, mas se não tiver o convidado certo, não vale nada. A gente canta e dança por muitos dias, e esse agudo que vibra por todo o corpo faz lembrar o quê?

Pausa.

Fala diretamente à CRIANÇA:

GUANABARA
    Escuta, menino, eu comi demais: é apenas uma indigestão. Você pode ficar mais um pouco, mas tem uma hora na festa que as crianças vão descansar. Quando eu fizer o sinal, quero que você vá.

1560. A 503 km da Guanabara. Mem de Sá alia-se aos tupiniquins e avança para o Rio. Expulsão dos franceses. Guerra aos Tupinambás da aldeia Karióka.

Escracho

EU é preso numa armadilha e está suspenso por uma rede de caça. Dois sujeitos, chamados de BRASILEIROS, escracham-no:

UM BRASILEIRO
    Vou colher o seu sangue ainda quente e beber.

OUTRO BRASILEIRO
Vou cortar seus pulsos, cotovelos, joelhos e tornozelos. Vou separar o seu tronco em postas e virar e revirar na grelha até ficar bem assado.

UM BRASILEIRO
Vou rachar seu crânio e chupar o seu cérebro. Como o cérebro estraga muito rápido, para aumentar o tempo de conservação vou servir os restos dos seus miolos à milanesa com vinagrete que a mãe me ensinou.

OUTRO BRASILEIRO
Vou tacar água fervendo na sua pele e depois retalhá-la. Você vai ficar tão branco quanto um leitão nas mãos de um cozinheiro.

UM BRASILEIRO
Vou mordiscar o seu glúteo.

OUTRO BRASILEIRO
Vou cortar a sua barriga e arrancar fora seu intestino e suas tripas. Vou misturar esses miúdos com mandioca e fazer um mingau que o avô, que já perdeu os dentes, vai amar.

UM BRASILEIRO
Vou rasgar o seu coro cabeludo com seu cabelo, vou fazer uma vassoura.

OUTRO BRASILEIRO
Com o seu fígado, vou fazer um patê e servir para os convidados.

UM BRASILEIRO
Com o seu coração, vou fazer uma refeição cheia de molho, nutritiva e com baixíssima caloria: primeiro

vou separar as aurículas onde se encontram as partes mais gordurosas; depois vou cortar o músculo em iscas e deixar marinando em especiarias; no fim de dois dias, vou ferver tudo e chamar esse prato de "iscas de coração".

OUTRO BRASILEIRO
Vou assar a sua língua e vou grelhar os seus testículos.

UM BRASILEIRO
Com seu pulmão, que tem uma textura esponjosa e nem sempre me agrada muito, vou fazer uma farinha...

OUTRO BRASILEIRO
Com as suas unhas, vou fazer lâminas de depilação.

UM BRASILEIRO
Não vou desperdiçar nada de você: vou quebrar seus ossos e chupar o seu tutano e com a sua tíbia vou fazer uma flauta.

OUTRO BRASILEIRO
Vou arrancar seus dentes e fazer um colar, que vou oferecer de presente para o meu namorado.

1563. A 320 Km da Guanabara. Paz de Iperoígue. Padre Nóbrega e Anchieta negociam um cessar-fogo. Guaixará e Aimberê, Tupinambás da Guanabara, recusam a paz.

Violência

Dentro da rede, EU fala:

EU
Reconheço que toda essa violência seja exclusivamente minha. Falo uma língua e você, outra. Mas estou te entendendo. Sou um animal que sabe dizer eu. Não toma isso como uma crise de consciência, não. Mereço levar uma surra muito pior. É meu sangue! Mereço. Você me diz que a sua vingança será dirigida contra mim. Você me diz que não há luta possível contra esse movimento, mas que ainda assim devo fingir que ofereço alguma resistência. Está bem: vou fingir que resisto. Mereço mais uma porrada. Você me diz que a vingança é o movimento implacável do tempo que quer se perpetuar agora. Onde estamos agora? Todo estupro, toda morte que lhe causei não me distancia de mim mesmo: estamos juntos agora e o máximo que poderei me tornar é ser contra mim mesmo. Mereço mais uma porrada! Ser contra mim mesmo não me torna diferente do que sou. Seja realista: não me tornarei invisível magicamente. Você terá que me castigar muitas vezes, porque um parasita como eu não morre assim sem engajamento. Eu mereço mais porrada! O meu maior crime está nessa pele que esgarça! Essa membrana protetora que define tanta coisa, que determina tudo antes mesmo de eu nascer, quer arrebentar até não ser mais possível esconder nada de você! E, sem pele, meus pensamentos mais imundos e meus projetos mais mesquinhos vazarão e passarão a ser só seus! A vingança não é para perpetuar a porra do tempo, como você diz?! Você me descobre, finge que é minha mulher e depois me mata. Eu mereço muito mais porrada.

Com galhos de árvores, os sujeitos chamados de BRASILEI-ROS açoitam EU. Em seguida, EU é retirado da armadilha.

1558. A 738 km da Guanabara. Mem de Sá alia-se aos Temiminós, do cacique Araribóia, expulsos da Guanabara pelos rivais Tupinambás. Guerra aos povos nativos.

Vingança

GUANABARA, que agora exibe seu corpo de guerra, faz o sinal. A CRIANÇA posiciona-se fora do campo de ação. GUANABARA avança contra EU, que está no chão, mas ainda tenta se desvencilhar da rede.

GUANABARA
Aborto! O que estava gritando para mim? Não fala: engole o seu próprio veneno. Engole o choro da sua morte, canalha. É assim que vou te chamar a partir de agora: aborto! As suas palavras nascem estranguladas, antes mesmo de sair da sua boca. Está proibido de cuspi-las quando quiser. Essa é a minha lei. Eu sou a lei! O aborto está legalizado e agora eu decido se você será morto ou não. Não vai nascer nada de você e de toda a sua corja imunda que ama e goza com o poder. Vou amarrar as suas tripas e as suas fezes voltarão pelo estômago até queimar o esôfago e você vomitar toda a merda pela boca. Morra sufocado, canalha! Que neste mesmo chão que pisamos agora, eu, você, e pisarão todas as suas gerações futuras, sofram a praga que finco nesta terra contra você, contra as suas bandeiras, contra todos os seus negócios e contra a sua Constituição! Quero que todos os que

têm a pele igual à sua e olhos da cor dos seus sofram o pior extermínio já cometido nesta terra. Quero que seus descendentes sejam filhos de um estupro muito mais sangrento do que o cometido por você. Quero que sua mulher viva muitos anos doente de câncer, com os cabelos ralos e a pele fedida, e que ela chore a morte de todos os seus filhos e filhas intoxicados pelo seu alimento. Fica aí, aborto, porque você vai ter que me ouvir. Que essa terra que agora você pisa e outros no futuro pisarão permita conceber uma praga tão violenta quanto aquela que consigo desejar. Quero que o verme da culpa roa a sua consciência e que você não pare de se lembrar de todo o mal que cometeu e se culpe ainda mais ao ver os seus próprios filhos e netos sendo torturados e sofrendo na carne por todo o pior que você planejou. Quero que você tome por amigos mais íntimos os maiores traidores e que por ganância lancem sobre você a mesma ira perturbadora da paz deste triste mundo. Quero que você se humilhe e que o seu Deus evacue sangue sobre a sua cabeça, aborto! Quero que o seu Deus, Jesus, Jeová, Maomé, Buda sejam enterrados na mesma lama onde os porcos se banham porque ali é o seu lugar. Que você e todos os seus descendentes sejam escravizados! Você é o farrapo da história. Covarde! O seu tempo acabou. Não precisa fingir que resiste porque essa luta já está ganha. E toma agora o pior: viva comigo. Sou a sua mulher.

EU sangra. Corpo melado de humilhação. GUANABARA aplica penas de papagaio sobre ele.

1566. Tupinambás atacam o Rio de Janeiro. A cidade ocupa pequeno forte entre o Cara de Cão e o Pão de Açúcar. Estácio de Sá e Arariboia seguram as posições portuguesas.

Tradução

TRADUTOR tem nas mãos o bolo que estava em cima do piano e fala com EU em uma língua estranha.

TRADUTOR
    Xe moaîu-marangatu,
    xe moŷrõ-eté-katû-abo,
    aîpo t-ekó-pysasu.
    abá serã o-gû-eru,
    xe r-etama momoxŷ-abo?
    abá serà xe îabé?
    ixé s-erobîar-y-pyra.*

    Caraíba: eu falo a sua língua.

EU
    Você vai dizer a ela que ela vai ter que me engolir!

TRADUTOR
    Não se apresse tanto.

EU

    Você vai dizer a ela que estou vencido e que ela e vocês vão sofrer com uma indigestão que nunca mais irão me esquecer!

---

* Citação do monólogo de Guaixará, abertura do 2º ato do *Auto de São Lourenço*, de José de Anchieta. "Importuna-me bem,/ irritando-me muitíssimo/ aquela lei nova./ Quem será que a trouxe estragando a minha terra?/ Eu somente/ nessa aldeia morava,/ estando como seu guardião, / fazendo-a estar segundo minha lei./ Dali ia para longe,/ outras aldeias frequentando./ Quem será que é como eu?/ Eu, aquela em que se deve acreditar."

TRADUTOR
Não faço traduções.

EU
Diz então que acredito no diálogo! Eu falo e você responde. Fala para ela que eu acredito no diálogo!

TRADUTOR
Pode parar! Você não vai fazer o papel da vítima aqui!

EU
As tropas já estão nas ruas!

TRADUTOR
Para pacificar?! Exterminar?! Converter?! Domesticar?! Vocês e essa paranoica salvação do mundo! Vocês não cessam de vitimar o mundo com suas chacinas diárias. Você não vai fazer aqui o papel da vítima, não. Porque ninguém vai ter pena de você! Falta a vocês amor à guerra! Sabe qual é a diferença? É costume por aqui se cuidar muito bem dos inimigos. Esse é o amor! Essa é a vingança! Essa é a guerra que essa gente ama! Eles não querem fazer vítimas. Querem seus inimigos bem fortes e mais vivos do que nunca, sem nunca deixarem de ser inimigos, para poderem enfim matá-los do melhor modo possível; matá-los como se fossem um deles; e chorar na sua morte a própria morte deles.

EU
Quando ela vai me matar?

Ambos olham para GUANABARA, que coloca sobre uma toalha de mesa, posta no chão, séries de garfos, facas, colheres e guardanapos em tamanhos diferentes. Ela está arrumando a festa.

TRADUTOR
　　Ela já te contou a mitologia do pajé do mel? O mel é sagrado para essa gente. Na primeira humanidade, tudo era escuro. Só havia sombras e eles só comiam alimentos crus. O mel era o mais importante. Um melzinho... Bem fininho, mesmo, e suave. O pajé do mel foi o único ser humano salvo da vingança do velho que lançou uma tempestade de fogo sobre a terra. Ela também me besuntou de mel. E me deu um namorado. Foi o que me segurou aqui nesta terra. Eu fui ficando, ficando... Se não fosse o meu namorado eu já estava no mundo, sacou? Pelo visto ela cuidou muito bem de você. Todo esse mel...

EU está todo melado.

TRADUTOR
　　Não quero falar por ela. Mas ela está gostando muito de você. Eu não quero falar por ela, mas quando tudo isso passar. Quando você passar. Ela vai trocar de nome. Passará a se chamar Guanabara.

Silêncio.

TRADUTOR se aproxima.

EU
　　Você vai me comer?

Oferece o bolo.

TRADUTOR
　　É puro!

EU come.

TRADUTOR
Ela também acha que eu falo errado a língua dessa gente. Eu falo a sua. Eu falo a dela. Ninguém entende a porra da minha língua! [*aproxima-se*] Não me pareço nada com você. Meu pai me abandonou e era bem-parecido. Era branco. E desse cruzamento nasceu isso: eu tenho pele? Me responde: eu tenho pele? Sabe qual é a cor? Mestiçagem. Eu olho para toda a sua tecnologia, caraíba. Eu olho para toda essa mitologia da terra. Sabe quem eu sou? Uma estratégia de dominação por assimilação demográfica. Essa é a minha festa. Sou uma besta celerada. A minha vontade é de abandonar tudo isso, me mandar para dentro desse mato cerrado e pegar toda a riqueza debaixo desse solo só para mim. Eu sou o futuro! É justo que eu peça a revanche! A sua guerra contra essa terra vem explodir exatamente aqui: pode tocar. Anda, toca! Isso aqui não é natural, não! Eu tive que reconstruir gene por gene. Descobri que só as mulheres deixam nas células de seus filhos uma certa marca, exatamente igual à que sua mãe deixou. Os pais não deixam essa marca nos filhos, mas têm neles a marca de suas mães... Você lembra muito o meu pai. E mesmo te odiando tanto, mesmo sendo o meu pior inimigo, eu me sinto em casa ao seu lado. Você se sente em casa aqui? É uma grande honra te receber, caraíba. Ela também se esforça muito para cuidar de você: estamos disputando quem vai ser o primeiro a te comer. Mas o que ela não entende é que não é só comer, comer. Quando falo "comer" na sua língua também estou querendo dizer comer o seu cu.

NAMORADO entra. TRADUTOR beija NAMORADO, que também fala em outra língua.

NAMORADO
>A'e marã monhag-ara,
>Marana potá memẽ.*

EU
>O que vocês estão falando?

TRADUTOR
>Ele estava falando sobre a arte da plumagem!

TRADUTOR canta "A valsa de uma cidade".

TRADUTOR
>Vento do mar no meu rosto
>e o sol a queimar, queimar,
>calçada cheia de gente a passar
>e a me ver passar,
>Rio de Janeiro, gosto de você,
>gosto de quem gosta
>deste céu, deste sol,
>dessa gente feliz.
>
>Bem que eu quis
>escrever um poema de amor,
>e o amor, estava em tudo que eu vi,
>em tudo quanto eu amei
>e no poema que eu fiz

Auto de São Lourenço, de José de Anchieta. "Esse é o fazedor de mal,/ querendo guerra sempre."

tinha alguém mais feliz que eu,
o meu amor, que não me quis!

Progressivamente a canção se distorce até soar como um toque ritual.

Última coisa que se fala

EU fala a GUANABARA como quem aprende uma nova língua:

EU

"Aju ne xé..." Essa língua não cabe bem na minha boca! "Peê..." Cada pedaço que eu falo... "Remiurama." É muita vogal! Essa língua é assim... me faz babar! "Aju ne xé peê..." A última coisa que se fala. "Aju... ne... xé peê..." Eu não sei falar! A última coisa que se fala eu não sei falar! Faz sentido isso? Enquanto você come tapioca, Michelangelo constrói a Capela Sistina. Faz sentido?! Enquanto padre Anchieta evangeliza índios, Shakespeare escreve sua primeira peça. Faz sentido isso? Enquanto você faz jarros de barro, Rousseau vai conceber a teoria do bom selvagem! "Pêe remiurama!" Eu sou a sua diarreia! "Aju ne xé... Peê remiurama." Eu não sei falar! Você vai conversar comigo por muitos séculos... dentro da sua barriga! "Aju ne xé peê remiurama." Eu sou sua comida! "Aju ne xé peê remiurama", eu, a vossa comida, cheguei!

GUANABARA, TRADUTOR e NAMORADO canibalizam EU.

A CRIANÇA segura o machado no centro da Karióka.

1567. Uruçumirim. Batalha na Marina da Glória. Estácio de Sá é morto com uma flechada. Aimberê tem a cabeça cortada. A Karióka é exterminada.

Como nasceu o Rio III

Aquela mesma gente, de delicada melancolia, volta a se reunir entorno do toca-discos, escutando.

Som de noite.

[LOCUTOR]
    E atenção! Porque, neste momento, vamos transmitir diretamente através dessa nesga de terra firme entre o Pão de Açúcar e o morro Cara de Cão. Vamos transmitir as palavras do capitão Estácio de Sá.

Música dos tamoios, Villa-Lobos.

[ESTÁCIO DE SÁ]
    Soldados e companheiros! Poucas palavras bastam para os ânimos furiosos e resolutos. Chegamos ao extremo: ou de perder a vida com honra no campo da imortalidade ou de ganhar os louros que hão de cingir as frontes de glória. Tiramos a vida aos que impuserem a menor resistência aos cumprimentos das ordens reais de consolidar nos domínios da Coroa esse terreno que os inimigos ocupam. Não há tempo nem oportunidade para recuarmos, que de um lado nos cercam essas penhas e de outro, as águas do oceano. Pela direita e pela esquerda, os inimigos. Só podemos rom-

per o cerco debandando-os. Eles não são tão difíceis de serem vencidos como aqueles penhascos nem recusam dificultosa passagem como o oceano. Seus estrondosos alaridos soam desagradavelmente em nossos ouvidos, mas não amedrontam nosso constante valor. Lembremo-nos da justiça de nossos motivos para castigo e escarmento deles, para que conheçam quão caro lhes custará a infidelidade e a má-fé com que faltaram aos pactos de união conosco, preferindo a dos horríveis inimigos nossos e da nossa santa religião. Que tenham em seus corações a nossa ruína. Rompam já os ecos da vitória que sobre eles alcançaremos por cima daquelas altas montanhas que a órgãos se assemelham e seu sonoro eco chegue agora às extremidades da terra, lembrando-lhes nossos braços fortes, a mortandade e o estrago até as mais recônditas brenhas. Conheça El Rey a pátria, o Brasil e o mundo todo o nosso renovado valor! Levantemos a cidade que ficará por memória do nosso heroísmo e exemplo de valor às vindouras gerações para ser a rainha das províncias e o empório das riquezas do mundo!

---

carioca = carijó + maloca = casa do carijó, casa do índio

casa do branco = caraíba + maloca = caraiboca

Vômito

GUANABARA para a execução do disco.

GUANABARA
>Vamos fazer negócio? Eu digo sim do mesmo modo que digo não. Eu digo não!

GUANABARA despeja seu vômito com violência sobre o toca-discos.

Recupera-se. E fala:

GUANABARA
>Pertencer à terra. Parte do corpo da terra.

Repete quantas vezes achar necessário.

GUANABARA
>Tupinambá, Temiminó, Tupiniquim, Maracajá, Aymoré, Goitacaz, Carijó, Caeté, Tabajara, Potiguara, Tremembé, Karajá, Terena, Pataxó, Bororo, Baré, Kraô, Xavante, Guarani, Kaiowá, Yanomami, Juruna, Terena...

E quantas mais etnias conseguir se lembrar.

Depois da festa, ato sem palavras

Todos vestidos em trajes anos 1960. O letreiro "Rio, feliz aniversário" pisca. Aquela gente ainda permanece junta. Mesmo após toda a violência da peça. Comemoram sem saber exatamente o quê. A mesma atmosfera de delicada melancolia do início, somada às roupas ensopadas de suor, corpos cobertos da poeira levantada, rostos transfigurados e sujos, respirações ofegantes. Silêncio. Um deles decide tocar uma música ao piano. Outro estoura o espumante nacional. Só a criança reage e aplaude, mesmo assim, sem muito entusiasmo. Alguém acende uma "vela vulcão" naquilo que sobrou do bolo azul e branco. Sem reação, apenas observam a vela apagar. Um outro, encostado no piano, toma um uísque nacional. Todas essas ações devem ter intervalos significativos entre suas execuções. O som para. A criança se esconde atrás do piano e arremessa na cena incontáveis petecas. O piano volta a tocar. Os que ainda guardam algum ânimo brincam de peteca com a criança até desistirem pelo cansaço. Um por um saem de cena, até sobrar a criança sozinha no centro da Karióka. Ao microfone, ela diz o seu nome, quantos anos tem, onde estuda, o que vai ser quando crescer e quantos anos terá quando o Rio de Janeiro completar quinhentos anos.

FIM

DEMARC**AÇÃO JÁ!**

Guanabara Canibal e as úlceras da História

> *Ainda me lembro de que outrora me esforcei para parecer com os brancos, em vão.*
>
> A queda do céu, DAVI KOPENAWA

> *Meu pai preferiu fazer outra coisa: para manter as tradições, percebeu que precisava tratar com os colonizadores, e me colocou no colégio para aprender a ler e escrever, para poder defender melhor um diálogo com nossos pontos de vista estratégicos, para poder falar de nossas coisas, tecer novos aliados entre nós, e dizer claramente que os nossos valores têm que ser mantidos por nós.*
>
> Coleção Tembetá 2, ALVARO TUKANO

> *Quando a data de 1500 é vista como marco, as pessoas podem achar que deviam demarcar esse tempo e comemorar ou debater de uma maneira demarcada de tempo o evento de nossos encontros. Os nossos encontros, eles ocorrem todos os dias, e vão continuar acontecendo, eu tenho certeza, até o terceiro milênio, e quem sabe além do horizonte.*
>
> Encontros, AILTON KRENAK

> *Quando o português chegou*
> *Debaixo d'uma bruta chuva*
> *Vestiu o índio*
> *Que pena!*
> *Fosse uma manhã de sol*
> *O índio tinha despido*
> *O português.*
>
> "Erro de português", OSWALD DE ANDRADE

O tema da colonização sempre esteve presente no teatro brasileiro. Tal fato (ou sua interpretação) é facilmente constatado em nossa história teatral: seja no teatro jesuítico inaugurado por José de Anchieta, no projeto romântico civilizatório desencadeado a partir do século XIX, ou na reviravolta antropofágica de Oswald de Andrade e nas releituras de José Celso Martinez Corrêa e do Teatro Oficina ao longo do século XX. Não faltam exemplos que seguem essa matriz crítica aberta pelo pensador modernista e sedimentada pelo encenador e teatrólogo na montagem antológica de *Rei da vela* (1967).

Ao tomar como exemplo a obra o *Auto de São Lourenço*, de José de Anchieta, nota-se claramente o projeto do teatro catequético. Em cena, os chefes indígenas Tupinambá Guaixará e Aimberê são facilmente convertidos a um novo modo de vida, revogando seus "velhos maus hábitos" (politeísmo, sistema sexual, canibalismo etc.) em favor dos bons costumes europeus (PRADO, 1993). De outro lado, quando a conversão e a dominação já se impõem enquanto "realidade", a figura indígena retornaria completamente transfigurada, servindo de elemento simbólico para uma pátria nascente ao preço de seus costumes, suas crenças e sua própria realidade (CANDIDO, 2004). Um exemplo dessa operação se vê na obra *Cobé*, do romancista e dramaturgo romântico Joaquim Manuel de Macedo, na qual o índio de nome homônimo se suicida por se ver essencialmente escravo do amor de sua patroa-dona e da casa onde presta serviços. Tanto em um caso quanto em outro, estamos diante do índio, ou seja, do conceito equívoco e nivelador criado por europeus (afinal de contas, ao "descobrirem" a América, eles pensaram estar pisando nas Índias). Infelizmente, o índio é tudo, menos um sujeito.

Ao longo de nossa história, pode-se dizer que as tribos indígenas de ontem e de hoje ocupam um lugar marginal, lutando a cada passo para serem ouvidas, vistas, compreendidas, enfim, reivindicando a cada momento o direito de serem enunciadoras de seus valores, seus mitos, suas crenças, suas ancestralidades e seus destinos. Esta história de luta sob a perspectiva indígena se intensifica nas últimas décadas, quando os brasileiros assistem ao surgimento auspicioso de diversas articulações políticas propriamente indígenas, locais, regionais e/ou intertribais: a Embaixada dos Povos da Floresta (1989-1994) vinculada à Aliança dos Povos da Floresta (incluindo aí também os seringueiros, caboclos, ribeirinhos e caiçaras); a União das Nações Indígenas (1979), fundamental para a conquista indígena na Constituição de 1988, representando grande avanço (atualmente ameaçado) na demarcação de terras; e, a partir de 2005, a Articulação dos Povos Indígenas (Apib), criada no âmbito da manifestação anual Acampamento Terra Livre (ATL), que, em 2017, reuniu em Brasília mais de duzentos povos e 4 mil indígenas, sendo esta a sua maior edição. "Hoje tem outras siglas", sintetiza Alvaro Tukano, "mas ainda é o movimento indígena" (TUKANO, 2017, p. 23).

Ainda neste processo contra o silenciamento histórico da presença indígena, observa-se também a canibalização indígena dos meios e modos artístico-culturais "brancos", redirecionados, então, para propostas de autorrepresentação: se *A queda do céu* – livro de Davi Kopenawa em parceria com Bruce Albert – representa exemplarmente esse momento, pode-se também mencionar as coleções literárias (Tembetá, Azougue Editorial), os museus indígenas, os grupos de *rap*, os cineastas e artistas indígenas que desfazem os estereótipos e desvencilham-se dos exotismos a fim de afirmar suas identidades étnicas na primeira pessoa. Em suma, pode-se concordar com Ailton Krenak quando ele diz que houve "uma descoberta do Brasil pelos brancos em 1500, e depois uma descoberta do Brasil pelos índios nas décadas de 1970 e 1980. A que está valendo é essa última" (KRENAK, 2015, p. 248).

Este é, pois, o contexto discursivo no qual o texto *Guanabara Canibal* se insere. Trata-se de uma obra cuja reflexão cautelosa se entrelaça às demandas históricas espiraladas em um "eterno retorno do encontro". Aniquilamento real e discursivo sem tamanho. Ferida aberta, como uma úlcera, na história do Brasil. Esta não é uma obra sobre a história do índio – tal seria um empreendimento que o próprio autor não se vê capaz de realizar –, constituindo-se como uma reflexão crítica e alegórica sobre a própria história contada/construída pelos vencedores: um anátema ao colonizador.

***

Guanabara Canibal compõe, ao lado de *Cara de Cavalo* (2012) e *Caranguejo Overdrive* (2015) aquilo que Pedro Kosovski e Marco André Nunes denominam "Trilogia da cidade". Considerando estas três obras, não é difícil observar suas transversalidades. Em primeiro lugar, é preciso dizer que a trilogia se fundamenta em processos transfiguradores de nossa História. De fato, encenar a História não é nenhuma novidade. Se a relação entre texto e contexto é inevitável, bem como os processos transfiguradores daí resultantes, o que salta aos olhos nessa trilogia é a abordagem desconfiada d'Aquela Cia., ao desnudar a ficcionalidade dos relatos oficiais sobre o Rio de Janeiro.

Nesta trilogia, percebe-se um recuo temporal conforme as obras se sucedem no tempo: *Cara de Cavalo* reflete sobre o mítico malandro carioca e marginal transformado em bandido e obra por jornalistas, políticos e artistas na década de 1970 (FRIQUES, 2015). *Caranguejo Overdrive* recua mais um século, até 1870, partindo da Guerra do Paraguai de modo a, tal qual um caranguejo, ziguezaguear entre o passado e o presente, revelando, por fim, uma estrutura comum: as reformas em nome da urbanização e da modernidade se fundam em estratégias de apagamento e desterritorialização (BEZERRA, 2016). Equaciona-se então Claude Lévi-Strauss (em certo trecho de *Tristes trópicos* o antropólogo condensa, com a precisão que lhe é característica, o mistério brasileiro: "O Brasil se transformara mais do que se desenvolvera") e Sérgio Buarque de Holanda (quando, nas primeiras frases de *Raízes do Brasil*, decreta ele que o brasileiro é "desterrado em sua própria terra"). A Guerra do Paraguai repete uma estrutura comum que se manifesta também em diversos momentos de nossa História, como Canudos, a Copa de 2014, o Bota-abaixo, o Rio-Cidade, o Porto Maravilha, Brasília, qual seja. Por fim, *Guanabara Canibal* volta ao "começo": ao início do processo colonial, quando do "descobrimento" do Brasil, quando da largada de nossa "febre de reformas".

Começar pelo fim, mas o fim ser sem fim: esta pequena frase constrói um entendimento de *Guanabara Canibal*. Essa compreensão se vê na pesquisa de Kosovski ao enfrentar os dilemas de uma história que não acabou e que está presa a um vício teleológico, a um fim sempre igual, o nosso presente. História que acaba por se revirar no estômago da mulher, canibalismo domesticado, transformado em refluxo. Esse fio narrativo – de um fim sem fim – que é apresentado no texto e no espetáculo se dá a ver de modo desfiado e embaralhado às texturas do audiodocumentário *Como nasceu o Rio* – do jornalista, político e face civil da ditadura Amaral Netto –, e também junto às imagens de índios do Brasil no século XVI projetadas em cena junto às rubricas que informam sobre a história do Brasil na perspectiva de sua fundação. Em conjunto, as imagens, os relatos de Netto e os marcos históricos são expostos, tanto no texto quanto em cena, em toda sua ficcionalidade, em um procedimento de linguagem transversal à "Trilogia da cidade".

Falar desse fiapo de ficcionalização é por si só um esforço, pois solicita que se busque investigar uma diegese escondida, mas que se acha na legenda principal do texto, seu próprio título: *Guanabara Canibal*. Haverá outras legendas secundárias no texto como a aparição das rubricas que, mais do que descrições de ações e intenções para os atores, introduzem uma imagem, uma espécie de mônada ficcional, de acontecimentos históricos recortados que suscitam questões e não tanto as respondem. Por ora, concentremo-nos apenas em duas camadas oferecidas pelo texto de Kosovski.

A primeira, mais fina e dispersiva, é "Guanabara, a cidade" de boca banguela. Essa é feita pelo espaço circundante formado pelas rubricas históricas e pela intervenção do rádio. Nessa camada, se edifica a geografia política dessa história, feita um pouco com a história da geografia (das guerras e das dominações) da cidade do Rio de Janeiro (preocupação constante nas peças do autor), meio mitificada em sua mistura de barroquismo selvagem. Lembremos que Décio de

Almeida Prado comenta o fato de o Teatro Jesuítico ter sido uma experiência que justapunha a América neolítica à Europa barroca – justaposição de tempos anacrônicos, uma vez que são próprios de épocas diversas e de categorias também anacrônicas, pois o homem do Neolítico não se via como neolítico, tampouco o do barroco como barroco. Aqui, o autor é um pouco documentarista, pesquisador-viajante no tempo e no espaço de nossa condição colonial. Traz momentos históricos com o intuito de criar uma reflexão histórico-crítica do presente através de fatos do passado.

Dentre os procedimentos marcantes desta primeira camada, podemos citar o tratamento alegórico dos personagens por meio de fragmentos monológicos internamente dialogizados, pois o homem branco não é um ser individualizado, mas o porta-voz do Nome Próprio, da Primeira Pessoa, o narrador da História Oficial, o Inimigo a ser regurgitado, o negociador sedutor que, descartando o decoro da elite, nem esconde mais a violência colonial. O homem branco não fala em nome de si, mas do que ele representa, do mesmo modo que o Tradutor ou o Machado. Este, por sua vez, não é apenas um objeto inerte e ingênuo, mas uma "armadilha conceitual" na qual está inscrito um conjunto de agências escravizantes decorrentes do trabalho agrícola de nosso processo de dominação colonial. Os mestiços, por sua vez, sintetizados na figura do Tradutor, não são construídos de modo a revelar sua individualidade, afinal, diz ele: "Sabe quem eu sou? Uma estratégia de dominação por assimilação demográfica." Um ator representa, pois, uma estratégia. Em cena, estes personagens alegóricos surgem em meio a duelos entre o dito e o mostrado, reforçando o esforço reflexivo e investigativo tanto de Kosovski quanto de Nunes quando definem o teatro como "cena do crime".

O tom alegórico se faz presente também na segunda camada, mais suculenta, e que podemos chamar de "Guanabara, a mulher (Canibal)". Nela, mora o achado e o principal desafio do autor: como abordar a antropofagia? Antes de mais nada, é preciso reconhecer o processo histórico de incessante transfiguração da antropofagia. Considerada uma prática ritual entre os indígenas, ela seria a prova de sua barbárie na ótica dos colonizadores. Diante do fantasma do atraso socioeconômico de nosso desenvolvimento, ela foi alçada em 1928 à categoria de metáfora cultural, inaugurando com pompa e circunstância a nossa entrada definitiva na modernidade. De lá para cá, ela serviu de poderoso instrumento ao Movimento Tropicalista e Roraimeiro, e também de recorte curatorial de bienais e exposições. Contudo, não se conquista tamanho sucesso a preço de bananas. Nas últimas décadas, são notórias as desconfianças críticas em relação ao termo que, na perda de sua especificidade, abarca tudo e se transforma em um multiculturalismo indistinto estreitamente afinado aos canibalismos do capital. E aqui retorna a questão: como abordar a antropofagia?

A solução encontrada pelo autor é, no mínimo, tensa. Seu texto se pauta pelo entrelaçamento de diversas fontes e referências – Eduardo Viveiros de Castro, Davi Kopenawa, José de Anchieta, Alberto Mussa, Rafael Freitas da Silva, entre outros –, havendo aí já um processo que poderíamos classificar de antropofágico. Contudo, esse procedimento antropofágico não está a serviço de uma autoafirmação, mas põe em funcionamento um processo indigesto e regurgitofágico. Não é à toa, portanto, o tom melancólico de Guanabara, a mulher, quando da comemoração de seu aniversário. Interessante observar que suas falas – à semelhança das dos outros – não afirma uma subjetividade, mas um duelo do corpo. Guanabara, a mulher, está ali para mostrar que nem tudo que se engole é digerível, muito menos o homem branco. Nessa construção alegórica, Kosovski nos põe diante do triste processo de aculturação do índio e também das reformas urbanas que marcam nosso processo histórico. Por isso, o vômito de Guanabara, a mulher, se dá assim: Tupinambá, Temiminó, Tupiniquim, Maracajá, Aymoré, Kadiweu, Yanomami, Guarani-Kaiowá, Terena etc. Nomes de tribos violentadas, ontem e hoje, pelo Estado branco, conforme se constata facilmente nos registros jornalísticos atuais.

Tudo é possível à ficção, ou quase tudo. Se quisesse, Kosovski poderia ter feito a mulher indígena devorar o colonizador com facilidade, assumindo, assim, também o lugar de uma vencedora da história. Mas o autor não é índio, não pode falar em nome deles, este não é seu papel. Tudo o que pode fazer é menos representar as tribos indígenas – o que o colocaria na sequência histórica do teatro brasileiro – do que refletir artisticamente sobre a disseminação indiscriminada da antropofagia. Assim, o gesto canibal na peça sofre um processo análogo ao do refluxo esofágico: o líquido ácido do estômago sobe. O processo de deglutição é difícil. A mulher-cidade Guanabara, aculturada-reformada-plastificada na encenação (com roupas burguesas e sentada num sofá felpudo, escondendo um corpo coberto de *insulfilm* – itens não referidos no texto), não consegue, apesar das aparências, engolir essa cultura (também no sentido de alimento) do vencedor da história e do colonizador que todos nós reproduzimos cotidianamente. Ela diz: "Pesa./ Não desce./ Tá no meio do caminho./ E não passa./ Você não vai falar por mim./ Minha boca adormece." Afinal, "na psicologia dos índios, o inimigo tradicional você preserva" (KRENAK, 2015, p. 56).

Portanto, o que se vê em *Guanabara Canibal* é uma delicada operação crítica sobre o conceito de antropofagia tão disseminado nos meios teatrais brasileiros. (Talvez seja até mesmo o tema principal da identidade das "Humanidades Brasileiras" na atualidade, se é que podemos pensar nesses termos, uma vez que a ideia de "Humanidades" é um conceito demasiadamente eurocêntrico. Ou não: em um mundo tão desumano, talvez fosse o caso de se pensar em uma Humanidade descolonizadora.) A antropofagia oswaldiana possui vertentes contemporâneas diversas da apresentada neste texto de Kosovski, como no belo espetáculo *Macumba antropófaga*, de Zé Celso – com seu *happening* (*work in progress*) crítico pela cidade de São Paulo. Nessa obra do Teatro Oficina, a antropofagia encontra-se associada a uma ideia de explosão erótica do corpo, a uma proposta de carnavalização crítica de um mundo careta e conservador. Em *Guanabara Canibal*, Kosovski opera um gesto antropofágico associado à imagem dos *Tristes trópicos*. Não há carnavalização. A festa que a peça nos revela é semelhante ao luto. O autor nos diz que foi, até agora, a sua peça mais difícil. Nós podemos afirmar que é, certamente, a mais melancólica das três obras que constituem a "Trilogia da cidade".

João Cícero Bezerra
Dramaturgo, crítico e teórico de teatro e artes.

Manoel Silvestre Friques
Professor da UniRio, dramaturgo
e curador independente.

Referências bibliográficas

ANCHIETA, José de. *Teatro: Auto de São Lourenço – Auto "Na aldeia de Guaraparim"*. São Paulo: Martins Fontes, 1999.

ANDRADE, Oswald. *Poesias reunidas*. São Paulo: Companhia das Letras, 2017.

BEZERRA, João Cícero. "Em crítica ao homem, o mítico Caranguejo". In KOSOVSKI, Pedro. *Caranguejo Overdrive*. Rio de Janeiro: Cobogó, 2016.

CANDIDO, Antonio. *Iniciação à Literatura Brasileira*. Rio de Janeiro: Ouro sobre Azul, 2004.

FRIQUES, Manoel Silvestre. "Cara de Cavalo e as faces da ficção". In KOSOVSKI, Pedro. *Cara de Cavalo*. Rio de Janeiro: Cobogó, 2015.

HOLANDA, Sérgio Buarque de. *Raízes do Brasil*. São Paulo: Companhia das Letras, 2014.

KOPENAWA, Davi. *A queda do céu*. São Paulo: Companhia das Letras, 2015.

KRENAK, Ailton. *Encontros*. Rio de Janeiro: Azougue, 2015.

LÉVI-STRAUSS, Claude. *Tristes trópicos*. São Paulo: Companhia das Letras, 1996.

PRADO, D.A. *Teatro de Anchieta a Alencar*. São Paulo: Editora Perspectiva, 1993.

TUKANO, Alvaro. Coleção Tembetá 2: *Alvaro Tukano*. Rio de Janeiro: Azougue, 2017.

© Editora de Livros Cobogó, 2017
© Pedro Kosovski

Editora-chefe
Isabel Diegues

Editora
Fernanda Paraguassu

Gerente de produção
Melina Bial

Revisão final
Eduardo Carneiro

Projeto gráfico e diagramação
Mari Taboada

Capa
Kevin Costa
Marco André Nunes

Foto da capa
João Julio Mello

CIP-BRASIL. CATALOGAÇÃO-NA-FONTE
SINDICATO NACIONAL DOS EDITORES DE LIVROS, RJ

      Kosovski, Pedro
K88c   Guanabara canibal / Pedro Kosovski. - 1. ed. - Rio de Janeiro: Cobogó, 2017.
                                      76 p.; 19 cm. (Dramaturgia)

      ISBN 978-85-5591-040-1
      1. Teatro brasileiro. I. Título. II. Série.

17-45074   CDD: 869.92
                                                            CDU: 821.134.3(81)-2

Nesta edição, foi respeitado o Acordo Ortográfico da Língua Portuguesa de 1990, que entrou em vigor no Brasil em 2009.

Todos os direitos em língua portuguesa reservados à
Editora de Livros Cobogó Ltda.
Rua Jardim Botânico, 635/406
Rio de Janeiro – RJ – 22470-050
www.cobogo.com.br

Outros títulos desta coleção:

COLEÇÃO DRAMATURGIA

ALGUÉM ACABA DE MORRER LÁ FORA, de Jô Bilac

NINGUÉM FALOU QUE SERIA FÁCIL, de Felipe Rocha

TRABALHOS DE AMORES QUASE PERDIDOS, de Pedro Brício

NEM UM DIA SE PASSA SEM NOTÍCIAS SUAS, de Daniela Pereira de Carvalho

OS ESTONIANOS, de Julia Spadaccini

PONTO DE FUGA, de Rodrigo Nogueira

POR ELISE, de Grace Passô

MARCHA PARA ZENTURO, de Grace Passô

AMORES SURDOS, de Grace Passô

CONGRESSO INTERNACIONAL DO MEDO, de Grace Passô

IN ON IT | A PRIMEIRA VISTA, de Daniel MacIvor

INCÊNDIOS, de Wajdi Mouawad

CINE MONSTRO, de Daniel MacIvor

CONSELHO DE CLASSE, de Jô Bilac

CARA DE CAVALO, de Pedro Kosovski

GARRAS CURVAS E UM CANTO SEDUTOR, de Daniele Avila Small

OS MAMUTES, de Jô Bilac

INFÂNCIA, TIROS E PLUMAS, de Jô Bilac

NEM MESMO TODO O OCEANO, adaptação de Inez Viana do romance de Alcione Araújo

NÔMADES, de Marcio Abreu e Patrick Pessoa

CARANGUEJO OVERDRIVE, de Pedro Kosovski

BR-TRANS, de Silvero Pereira

KRUM, de Hanoch Levin

MARÉ/PROJETO bRASIL, de Marcio Abreu

AS PALAVRAS E AS COISAS, de Pedro Brício

MATA TEU PAI, de Grace Passô

ÃRRÃ, de Vinicius Calderoni

JANIS, de Diogo Liberano

NÃO NEM NADA, de Vinicius Calderoni

CHORUME, de Vinicius Calderoni

COLEÇÃO DRAMATURGIA ESPANHOLA

A PAZ PERPÉTUA, de Juan Mayorga
Tradução Aderbal Freire-Filho

APRÈS MOI, LE DÉLUGE (DEPOIS DE MIM, O DILÚVIO), de Lluïsa Cunillé
Tradução Marcio Meirelles

ATRA BÍLIS, de Laila Ripoll
Tradução Hugo Rodas

CACHORRO MORTO NA LAVANDERIA: OS FORTES, de Angélica Liddell
Tradução Beatriz Sayad

DENTRO DA TERRA, de José Manuel Mora
Tradução Roberto Alvim

MÜNCHAUSEN, de Lucía Vilanova
Tradução Pedro Brício

NN12, de Gracia Morales
Tradução Gilberto Gawronski

O PRINCÍPIO DE ARQUIMEDES, de Josep Maria Miró i Coromina
Tradução Luís Artur Nunes

OS CORPOS PERDIDOS, de José Manuel Mora
Tradução Cibele Forjaz

CLIFF (PRECIPÍCIO), de Alberto Conejero López
Tradução Fernando Yamamoto

2017

1ª edição

Este livro foi composto em Univers.
Impresso pelo Grupo SmartPrinter
sobre papel Polen Bold LD 70g/m².